주부
육성중

3

글·그림 임현

재담

주부육성중3

초판 인쇄 : 2023년 10월 20일
초판 발행 : 2023년 10월 31일

글 · 그림 : 임 현

편   집 : 천강원, 임지나, 김도운, 김동주, 윤혜인
디 자 인 : 이종건, 신다님, 최은정

펴 낸 이 : 황남용
펴 낸 곳 : ㈜재담미디어
출판등록 : 제2014-000179호
주   소 : 04035 서울특별시 마포구 월드컵로 8길, 48
전자우편 : books@jaedam.com
홈 페 이 지 : www.jaedam.com

인쇄·제본 : ㈜신우인쇄
유통·마케팅 : ㈜런닝북
전   화 : 031-943-1655~6 (구매 문의)
팩   스 : 031-943-1674 (구매 문의)

ISBN : 979-11-275-4992-3 07810
　　　　979-11-275-4909-1 (세트)

차 례

26화

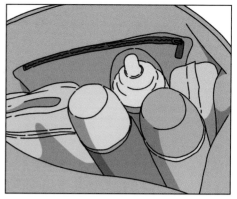

사장 아직
그 아파트 살지?

1103동이었나…

몰라.
사장 집 주소를
내가 어떻게 알아?

사장이 법카로
산 물건 당신이
배달하잖아.

내가 모를 줄
알았어?

싸워야 할 일이 생겼는데 도와줄 수 있어요?

어머,

저도 지금 한 놈 해결하러 가는 참인데.

누구를요?

우리 애 때린 놈이요.

아이고, 어째… 살려 두지 마세요.

아니, 근데 100일도 안 된 애가 어디서 맞…

누군데 우리가 함께 싸워야 하나요?

주인집이요.

인테리어 공사한다더라고요.

아… 시끄럽겠네. 그래도 어쩔 수 없죠. 새로 들어오는데.

바닥 공사도 싹 한대요.

친정 가 있어야죠. 상식이 있는 집이면 차비라도 주려나?

집 안에 우퍼도 놓는대요.

어떤 정신 나간 새끼가 가정집에 우퍼를 놔요? 정신 나갔나?

워워, 그래서 제가 업자분께 물어보니까… 옥상에 루프탑 파티 공간을 만들 건가 봐요.

아, 낡은 동네에 지대가 높은 집 옥상…

탐날 만하네요. 제정신은 아니지만.

그럼 어쩌죠?
그 딸이라는
사람한테 함께
따지러 갈까요?

아뇨.

신축 빌라들은
집주인이 대출이
많기 때문에

전세금 낸
세입자가 협상할
여지가 있지만

여긴 구축이라
세입자가 힘이 없어요.
나가라고 하면
우리만 손해잖아요.

그렇네요.

그래서 제가
생각한 방법은…

세입자 대 집주인
구도가 아니라

집주인 대 집주인
구도로 싸움을
붙여야 해요.

9

루프탑이 들어서면 근처 집들에도 소음과 불빛 문제가 생길 테니까

이렇게 두 범위의 집들에 공사 시작 전에 허가를 받으라고 압박하면…

멋있어요!

뭐가요?

저는 감정적이라 이렇게 냉철한 싸움을 못 하겠어요.

마음을 먹어도 당장 맞닥뜨리면 화가 팍 나서 욕부터 나가고…

아~ 저도 젊을 땐 그랬죠.

아픈 애 기르다 보니 싸워 이겨야 하는 일들이 많아져서요.

알레르기 유발 물질 없다고 거짓말하는 식당 때문에 응급실 다녀오고

처치를 잘못해 놓고 쉬쉬하다가 변명하는 병원 등등…

그럴 때 성질만 내면 사람들이 비웃기만 하고 반성하질 않아요.

증거를 찾아서

상대가 가장 취약한 타이밍을 만들어서 싸움을 걸어야 해요.

11

저녁 먹었는데
웬일로 집에
안 갔네?

수능이 코앞인데 내가
농땡이를 부리겠느냐?
이제 마지막까지
남겠다.

멋지다.
그럼 이따가 집에
같이 갈까?

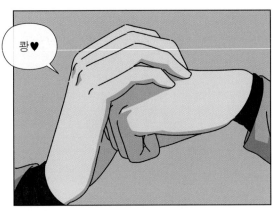

왝

아까부터
다 봤거든요? 경찰에
신고할까요?

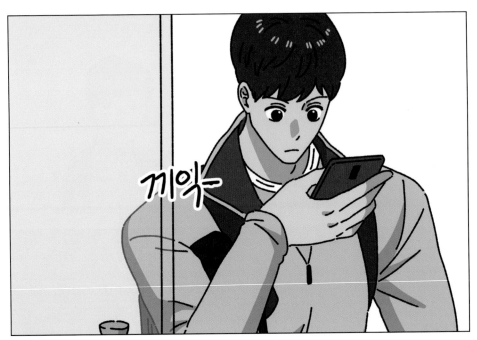

어…
그러니까… 여기가
저희집이라서…

경찰이죠!
여기 XX구…

아니! 진짜 여기가
우리집이라고요!!!

주부육성중

27화

후다닥

헉

헉

아들!!!

그래.

듣고 보니
그럴 수 있네.

어린이보호구역
SCHOOL ZONE

주정차금지

견인지역

그럴 수
있는데…

저 사람은
왜 안 가고
저러고 있어?

아…
아마도

토할 것
같나 봐요.

아까도 저기 골목에
한 사바리 쏟으셨어요.

…

죄송해요, 엄마.
놀라셨죠.

네가 왜 죄송해.
괜찮아.

엄마는 하나도
안 놀랐어.

엄마가 제일 잘 알잖아.
우리 아들은 문제 일으킬
사람이 아니라는 거.

오… 사랑이 넘치는
대~단한 모자관계…

취한 사람이랑
싸워봐야 내가
뭐하나…

남의 집 앞에
그러고 있지 말고
집에 가세요.

여기가 집인데

아들, 들어가자.
이 사람 맛탱이 갔어.

술 깰 때까지
기다려줘야 하지
않을까요?

너는 들어가서 자. 루틴 깨지면 내일 졸리니까 이 사람은 내가 집에 보낼게.

이야…

아들 사랑이 대단하네요.

그런데 그렇게 가족만 챙기면 자기 인생이 없어요.

뭐?

이 시간까지 술 처먹고 돌아다니는 주제에

뭘 안다고 감히…

그러는 당신 엄마는 딸을 어떻게 가르쳤길래 그따위로 컸어요?

우리 엄마요? 아 토 나올 것 같아.

끄응

후우…
우리 엄마는…

마음아.

마음빌라

집에 왔구나.
잘 지냈어?

그럼
이 사람이…

여기는 주인집 딸…
아니, 이제 이 집 주인
박마음이야.

이렇게 인사하게
되어버렸네.

그리고 이쪽은…

소개는
필요 없어요.

노인네들이나 서로 어울리며 살지…

가방 고맙습니다. 수고들 하세요.

저게 싸가지 없게 선배님께 말버릇이…

괜찮아.

선배님. 저런 애들은 혼나야 정신 차립니다.

그래도…

엄마 보낸 지 얼마 안 된 애야.

넘어가자.

31

짜증 나.
얼굴 안 맞대고
살려고 했는데…

하필 여기 사는
남자애한테
도움받고…

이젠 더 이상
이 집 인간들이랑
마주치지 말아야지.

절대로!
절대…

…

읍

우으어으에에엑!!!!

오웨에에엑

아이고, 담즙이
다 나오네.

아! 중계방송
하지 말고 좀
꺼지라고요!

이건 이따가 제가
치우고, 이 집 주인께도
제가 사과할 테니까!

음… 그 집이
제 집인데…

어흐으흫으…
진짜 싫어…

흐어어엉…

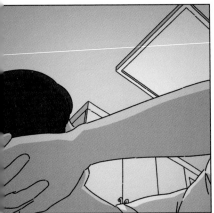

내가 저 애 엄마랑
40년지기 친구였으니
잘 알지.

쟤가 저런 애가
아니었는데…

드르륵

여기 이사 오기 전
살던 동네는
부촌이어서

식모를 두면 두었지
살림하는 집은
거의 없었어.

그 친구랑
나만 살림해서
친해졌지.

나중엔 동네에서
살림 수업도 하고
그랬어.

그랬던 두 집에
자식이 저 애 하나뿐이니
얼마나 이뻤겠어.

어릴 땐
우리 집에서 며칠씩
재우기도 했는데…

친구의 아이를
봐주신 거예요?

그 시절엔
그랬어.

그런데 어떻게
할머니한테 저렇게
말을 하나요?

제 엄마가 말하길 대학 가고 나서부터 애가 변했다고 했어.

주변에 그런 얘기하는 부모들이 꽤 많아요. 다 커서 사춘기 온다고.

그래. 사람은 다 커서도 변하지.

하지만 나는 내 친구가 틀렸을 수도 있다고 생각해.

어쩌면…

생존하기 위해서 부모에게 맞추며 사느라

20년 간 억눌렀던 아이의 본래 모습이 아닐까?

주부육성중

28화

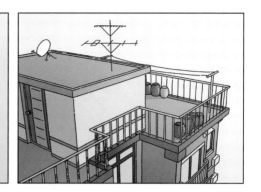

물…

끙차

아, 이 집에 물 없지…

편의점 어디…

아… 개 멀어… 미친 동네…

아, 몰라. 다시 잘래.

아… 토 치워야 하잖아…

응?
웬 보냉백이?

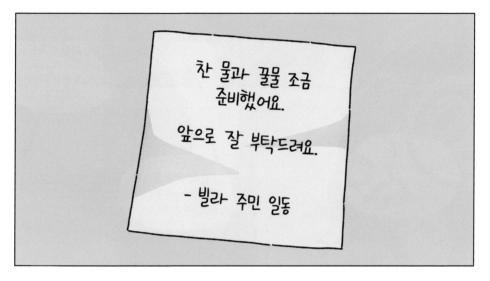

찬 물과 꿀물 조금
준비했어요.

앞으로 잘 부탁드려요.

- 빌라 주민 일동

탁

43

안 싸우고
해결하려
하셨는데

결국
싸우셨네요…

벌어진 일은
어쩔 수 없으니
작전을 바꿔 봐야죠.

마음의 빚을
지도록 만들어서
공사 막아 보려고요.

마음의 빚…

그런 감정을
느끼지 못하는
종류의 인간이면
어쩌죠?

먼저 손을
내밀어 보고 상대가
거부하면

한쪽이
포기할 때까지
싸워야 해요.

계획이 척척 나오시네요.

혹시 전직이 싸움꾼…?

배운 대로 하는 거죠. 게임이론이요.

뭔지 모르지만 멋있어!

후배님은 뭘 그렇게 살펴봐?

아… 집이 너무 깔끔해서 구경했습니다.

우유팩으로 만든 수납함을 쓰시네요.

선 정리도 빵 끈으로 되어 있고…

얼마 전 수납함을 샀는데 이 방법을 알았다면 안 샀을 텐데… 아깝습니다.

저도 여기 이사 오기 전까진 사서 썼는데 할머니께 배웠죠.

살림 이론이랄까?

저도 알려 주십시오!

아이~ 무슨 이론이야.

물건을 여기저기 올려 두면 청소하기가 힘들어지니까 가급적 올려 두지 않고

뭐든 버리기 전에 어디 써먹을 데 없을까 고민하는 거지.

빵꾸 난 양말도 목 부분을 잘라내면 쓸 데가 있고

물티슈 한 장도 버리지 말고 다시 씻어서

욕실이나 싱크대 청소할 때 쓰면 좋거든.

울 아기는 언제 어른이 되려나…

빨리 컸으면 좋겠어?

네.

저는 아기 때가 가끔 그리워요.

내가 다 챙겨 줘야만 하던 아이가 점점 스스로 하나씩 해내는 모습을 보면

대견하면서도… 마음 한구석이 점점 공허해진달까요.

나에겐 세상 전부 같던 아이가 언젠가 내 품을 떠나겠구나 생각하면

괜히 눈물도 나고…

그렇구나…
저는 빨리 일하고
싶어서요.

다니던 회사로
복직할 거예요?

아뇨. 거긴
망할 거라서
안 돼요.

제가 지금
그 회사 날려 버릴 작전
짜고 있거든요.

?

젊어서는
공무원 하라는
부모님 말씀이
꼰대 같았는데

그땐 내가 결혼 후에
애 낳고 다시 돌아갈
직장이 없을 줄 몰랐지…

공무원 막둥이
주부님은 복직
언제 하세요?

일하고 싶어
근질근질합니다.

이제 복직하셔도
되지 않나요?

네. 제가 결정해도
되겠지만

저희 배우자는 현명하니까…

돌아갈 때가 되면 아마 신호를 줄 겁니다.

그 사람을 위해 쓴 휴직이니까요.

지구는 둥글다

이혼에서부터 시작된
내 삶의 항해일지

저는 이혼이
낭떠러지인 줄
알았어요.

그 너머는
온통 암흑이고 끝 모를
추락만 있을 것이다.

그런데 이혼을
끝내고 나니까…

내 삶의 등대이자
첫 번째 불꽃인
변호사님께.

지구는
둥글더라고요.

고맙습니다,
변호사님.

아니에요.
제가 고맙죠.

변호사님 조언대로
글을 쓰면서 스스로에
대해 많이 배웠어요.

소송 끝나고 선물을
드리고 싶었는데

절대 안 받으시는 걸
아니까, 책이 출간되고
인사드리러 왔어요.

네. 너무나 뜻깊은
선물을 받아서
기뻐요.

고맙다는 말로는
다 담을 수 없는 마음을
표현하는 방법은…

오로지 마음을 담은
선물뿐이니까…

네, 이모.
어쩐 일이세요?

저희
남편이요?

휴직 중이에요.
네네.

그래?
아이고 걱정돼서
전화했어.

지금 뉴스에

큰불이 났다는데
혹시나 해서…

다행이다, 얘…
여보세요?

주부육성중

29화

걱정 마세요.

저희 남편 지금
휴직 중이고

관할 구역도
아니니까…

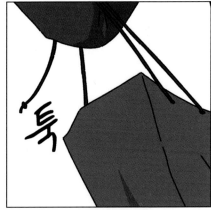

툭

어? 이모.
제가 다시
전화할게요!

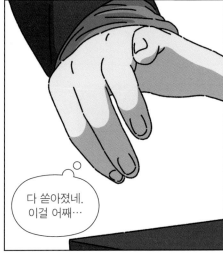

다 쏟아졌네.
이걸 어째…

후우...
마음 다잡아야 해.

나를 위해서,

나를 사랑하는
사람을 위해서.

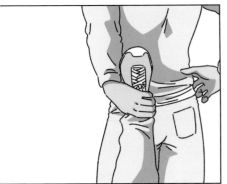

호뭇

파르르

파르

흐엉!

최전방
실전 압축 근육
어디 갔어.

그때는 잘했어.
사무직 10년
해 봐라.

10년 다닌 회사에
왜 안 가고 여기서
시간 때우고 있어?

혹시…

잘렸나?

뭐?

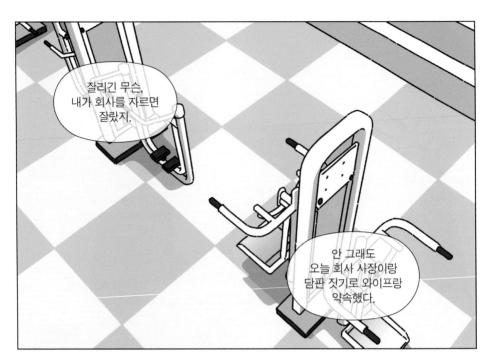

잘리긴 무슨,
내가 회사를 자르면
잘랐지.

안 그래도
오늘 회사 사장이랑
담판 짓기로 와이프랑
약속했다.

그럼 빨리 가야지.
해 넘어가는데.

그래.
그런데…

못 하겠어.

넌 모르겠지.
타고난 사람이니까.

뭘?

꿈에서
사람 때리는 느낌
알아?

바로 손 뻗으면
닿을 거리에 아주
죽일 놈이 있는데

몸이
안 움직여…

사장을 마주하면
그런 기분이 들어.

오늘은 끝내야지 하고
다짐을 매번 하는데

정작 앞에 서면
그 사람 말 한마디에
꼼짝 못 하고…

그래.
그런 느낌…

67

나는 꿈속에서도 주먹이 잘나가서 몰라.

이 재수탱이.

내가 도와줄까?

…뭘?
사장한테 말하는 걸?

아니.

턱걸이.

주변 건물주분들 번호도 다 알아냈으니

공사 막을 준비는 거의 다 됐네요.

다투지 않고 서로 잘 지냈다면 더 좋았을 텐데…

저도 젊을 때는 세상을 나이브하게 보고 싶었는데

세상 인간들 중 절반은 대화가 안 돼요.

쇠귀에 경을 읽어 주기엔 나는 너무 바쁘니까…

그래… 살다 보면
사람이 조금 비뚤어지고
날카로워질 수 있지.

하지만 마음이
타고난 심성이
착한 아이야.

음… 대화로
풀어 볼까…?

자, 여기 빌려 준
텀블러…

스으윽

응…?

왜요?

얘…
한 모금도 안 마셨네.
손도 안 댔어.

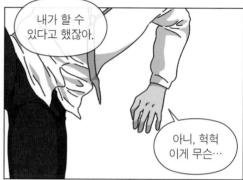

참견하는 건 직업병이고

의미는 네가 찾기 나름이다.

이제 사장 만나러 가야지?

아… 그런데 옷이 다 젖어서…

갈아입어.

시간도 늦었고 그냥 내일 갈래…

집으로 찾아가. 회사에서만 만나라는 법 있어?

내가 턱걸이 좀 못 했다고 너무 참견…

눈 꽉 감고 한 마디만 꺼내.

그리고 한번 물었으면

내가 할말을 다 끝낼 때까지 놓지 마.

아이씨…
오래도 씻네.

오랜만에 화끈하게
신호 오는데…

꾸르륵

벌컥

다녀올게.

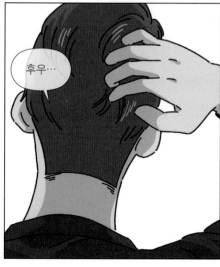

후우…

주부육성중

30화

거기,
선생님!

네?!

배달은 여기 이름 적고 키 받아서 가셔야 합니다.

아이씨… 어쩐지 콜을 아무도 안 잡더라니…

와 씨, 쫄았네…

후우…

지잉—

띵동—

저, 그게 사장님…

여보! 나와 봐!

왜 그래. 무슨 일…

나가 봐.

…뭐야? 너 왜 왔어?

저, 그게…

그…

할말이 있어서 왔습니다!!!

101

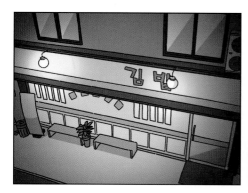

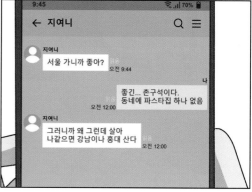

맛있게 드세요~

하아…
친구라도 한 명 있으면
치즈김밥도 먹을 텐데

혼자서는
1인분밖에 못 먹는
나의 하찮은 배…

안녕하세요~

뭐야?
이런 가게에서
밥을 먹네?

늘 먹던 걸로
주세요.

저런 대사를?
여기 단골이야?

잘 먹었습니다~

저기요.
잠깐 얘기 좀…

담배…
가까이 오지 말고
거기서 얘기하세요.

어제 일은
정말 미안했어요.

네.

그리고 가방
찾아 주셔서 정말
감사합니다.

네.

혹시 '네' 밖에 할 줄 모르세요?

아니요.

말씀 다 하셨으면 들어가겠습니다.

제 가방 찾아 주셨으니 사례하고 싶은데요!

괜찮습니다.

제가 마음이 불편해서…

저는 안 불편합니다.

사례금이라도…

안 받아요.

아니, 왜요?

87

제가 싫어서 그래요?
술 먹고 진상 부려서?

아뇨.

그럼 돈
싫어해요?

지금
술 드셨어요?

아뇨?
안 먹었는데요?

그런데 왜
진상을 부리세요?

…

감사 인사 잘 받았으니
너무 염려치 마세요.
가 보겠습니다.

…저기!

혹시라도 다음에 제가 도울 일 있으면 꼭 말해요!

알았죠?

우웅~

우웅~

주영아 미안, 전화를 못 받았어…

여보, 뭐야?
무슨 일 있어?

아, 그래!

맞아. 나한테
할말이 있었지!

왜 거기 서 있어.
들어와, 들어와.

예?

왔으면 들어와서
얘기해야지!

아니 그냥
밖에서…

왜 이래~
괜찮다니까~

91

31화

그래… 내가
그랬을 수도 있겠다.

사실 기억이 안 나.
요즘 정신과 약을
먹고 있거든.

너도 알다시피 내가
아기 가지려고 고생을
많이 했잖아.

그게 사람 때린 거랑
무슨 관계가…

아, 잠시만.

우웅-

왜 그러긴
걱정돼서~

늑삭

어어!
하지 마세요.

아유 참…
아무것도 없네.

뭐가요!

뭐긴 뭐야.
녹음기지.

이 씨X럼아.

무슨 기회?

저한테…

사, 사과하실 기회요.

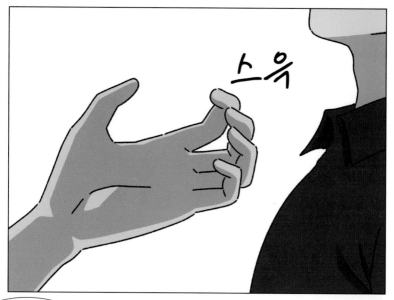

스윽

김 부장아.
많이 힘들었구나.

가장의 무게
내가 잘 알지.
누구 탓이라도
하고 싶은데

와이프 탓을 하겠냐,
아기 탓을 하겠냐

아니, 진짜, 어떻게...
그런 식으로 말씀을...

워워, 그래그래.
한번 따져 보자.

내가 늘 말하지.
일을 열심히 하는 건
정말 좋은데

열심히 했다는 증거를
남기지 않으면 그건
일을 안 한 거라고.

내가 널 때렸다 치자.
좋아. 그럼

증거 있어?

증거 있으면
가져와 봐.

그럼 내가 진심으로
너한테 사과할게.

101

사모님께
말씀드릴 겁니다!

어~ 그래라.

세상에서 너를
가장 잘 아는 사람이
누군지 아냐?

네 와이프야.

내 와이프가
나라는 인간을 모르고
같이 사는 줄 알아?

꼰지를 거면
빨리 말하고 꺼져라.
우리 잘 시간 됐으니까.

빨리!

내가 첫 만남에서
늘 하는 질문이야.
너는…

성선설과 성악설
둘 중 어느 쪽을 믿어?

성악설이요.

그거지!

안정적이니까?

최악이네.
그런 부모는…

자기 자신을 조금이라도
이해해 보려고 노력한 부모는
함부로 직업 추천 안 해.

내 자식한테 아무런
관심도 없으면서

널 위해서라는
핑계까지 댈 수 있으니
추천하는 거지.

고생 많았겠다.

네…

하지만 괜찮아.

이제 우리가
하고 싶은 일하면서
살면 되잖아.

좋은 영화 만들자.
미래의 감독님.

그렇게 마시지 마.
같이 영화판에 있으면
다 친구잖아.

친구로서
조언하는데
대학 가지 마.

거긴 아무것도 모르면서
칸에서 상 받은 마냥
허세 부리는 애들뿐이야.

그 회사.
법인 내서 적당히
빨 거 빼고 없앨
생각이었어.

김 부장이 매출을
많이 내 줘서 예상보다
오래 끌었네.

터억

폐업은 내가
잘 처리할게.

김 부장은
택시 타고 가.

충분히 그럴
자격 있어.

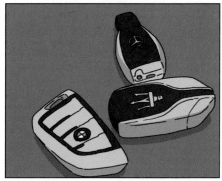

아저씨, 안녕히 가세요!

아유, 우리 딸 인사도 잘하네.

턱 끈 풀렸다. 아저씨가 매어 줄게.

아저씨도 우리 아빠 멋있어요?

응? 아빠가 멋있어?

우리 아빠는요.
어, 키도 크고
옷도 잘 입고 어,
우리 엄마도 사랑한대요.

맞아.
아빠 멋있지.

아저씨도
아기 있어요?

응.

그럼 아저씨도
아빠니까
멋있겠네요?

…

아저씨는…

주부육성중

32화

혹시나
미안해할까 싶어서
진수 씨가 찍은 영상은
없는 척했더니

역시나
잘못했다는 생각은
안 하는구만.

이제 너도 좀
혼나 보자.

회사도
여기까지만 하고…

그래도 잘 나갈 땐
회사에 사람도 많아서

워크샵도 가고
출근 안 하는
사장 욕하면서
재밌게 일했는데

살면서 처음으로
어딘가에 속한 기분이
들었었는데…

이직해야겠지?

그런데 이렇게 끝내면 안 되잖아.

우리 고객들 재구매율도 높고 안 쓴 포인트도 많이 남아 있는데…

우리 믿고 외상 준 업체들은…

내가 일을 그만둬 버리면

그 사람들에게 피해를 줄 텐데…

스읍

폐업할 줄 알고도 모른 척하는 건 너무 비겁하지 않나?

날 괴롭히는 것들을 보고도 못 본 척했던 인간들처럼?

스윽

그래.
해 보자.

사장님.
늦은 시간에 죄송합니다.
저 김 부장입니다.

지금까지 저희 회사와
거래해 주셨는데,
앞으로는…

저와 하시죠.

제정신이야?

응.
제정신이야.

사장 만나러 간대서
뭐라도 해결하고
올 줄 알았더니

당신이
사업을 하겠다고?

사장한테
설득 당했어?

아니.
내가 생각하고
스스로 내린
결론이야.

당신이 무슨 사업을 해!

내가 능력이 없는 게 걱정이야?

아니… 그런 뜻은 아니고…

아기도 있는데 위험한 결정을 하니까…

그래. 나도 당신이 걱정하는 마음 알아.

하지만…

이번엔 믿어 줘. 잘할게.

나 우리 고객들
잘 알아.

이 사람들…
우리 옷 아니면
못 입어.

그런 게 어딨어…
너무 자신만만한
생각 아니야?

이 업계엔
디자이너들이 만든
예쁜 옷들밖에 없어.

너드(Nerd)가 아니라
너드인 척만 하는 옷들.

우리 고객들은
그런 옷을 입으면
마음이 불편해져.

하지만
우리 옷은
진짜지.

애매한 컬러 조합,
빈틈을 용납하지 않는
빽빽한 체크 패턴,

오버도
슬림도 아닌
정직한 핏…

공과대학원 구내식당에서 발견된 유물이라고 해도 믿을 비주얼의 옷을 입어야

안정감을 느끼는 사람들만을 위한 디자인이거든.

어, 뭔가 감동적인 것 같은데 묘하게 고객을 먹이는 말 같지만 ㅇㅋ.

나는 우리 브랜드 충성 고객들에게 책임감을 느껴.

그리고, 당신에게… 음…

나 뭐? 할말 있으면 해.

아냐. 나 세무서 다녀올게!

뭐야, 말을 하다 말고!

턱걸이 브로!

쉿! 크레이지 머쓸 보이!

왜 저래 진짜…
이 빌라 사람들
이상하지 않아요?

나 포함.

할머니,
주인집은 무슨 말
없어요?

공사하면 한다.
안 하면 안 한다.
말을 해 줘야지…

사람 한 명
늘어날 때마다 어쩜
일만 늘어날까.

답답하지.
너무 나쁘게 생각 마.

사람과 부대끼며
사는 게 다 그렇잖아.

사랑하는 사람과 결혼해도,
예쁜 아기를 낳아도 매 순간
좋은 관계일 수는 없는겨.

좋고 나빴던 일을
나중에 퉁쳐 보면

그래도
좋은 인연들이
많았을 거야.

우리가 더 어른이니까
조금 기다려 주자고.

좋은 사람이
될 거라고
믿어 주면서…

할머니…

오늘도 제 마음속 분노의 불을 꺼주셨어요.

할머니는 마음 119. 너무 좋아.

어? 저기 집주인님 오신다.

우리 그럼 반갑게 맞을까요?

어쇼용!

안녕하십니까!

125

안녕하세요.

왔구나.
집은 지낼 만하니?

음, 그게…

뭐 도와줄까?
짐 정리 힘들지?
밥은 어떻게…

그런 건
괜찮고요.

할머니께 따로
드릴 말씀이 있어요.

따로?

음…뭐 어차피
다 알게 될 테니까
상관없나.

저희 엄마가 마지막으로 남기신 유언이 있어요. 아시죠?

그래.

내가 너한테 전달해 줬는데 그걸 기억 못 할까.

엄마가 이제 네 꿈을 찾아가라고 하셨는데

좋은 기회가 생겨서 영화 아카데미에 다닐 수 있게 되었거든요.

아카데미는 학원이라는 뜻입니다.

아, 알아요. 쉿.

그래.
내가 뭘 도와줄까?
말만 해.

저…

집 좀 빼 주세요.

…뭐?

죄송하지만
나가 주세요.
할머니.

3개월 안에…

뭐, 뭐라고…?

집을 빼 달라고…?

내, 내가 너에게 뭘 잘못했니?

할머니.

그런 이유 아니에요.

그럼 왜?

마음빌라

33화

돈 때문이에요.

세금 내려면 돈이 필요해요.

아니,
그건…

돌아가신 어머님과
할머니께서 합의하신
금액이잖아요!

제가 엄마의 집을
상속받은 건 맞지만

할머니와의 관계까지
상속받은 건 아니에요.

죄송해요.
하지만 저도
방법이 없어요.

도와주세요.

할머니는요?

절레

절레

어쩌죠?

해결해야죠.

전세금 차이가
얼마나 난대요?

큰 거
두 장이랍니다.

2천?

아뇨, 2억이요.
옛날에 계약한 금액
그대로랍니다.

아…
방법이 없네…

설득할 수 있지
않겠습니까?

여러분 모두
지금까지 서로를
잘 설득해 오셨는데.

그래요. 우린 할 수 있어요.

다 같이 작전을…

저는 반대예요.

네?

왜요? 설마…

고양이?

이제 그 건은 끝났어요…

꿈이라잖아요. 상속세도 수억 원 나왔을 테고.

무슨 꿈을 꾸느라 돈이 필요한지 모르지만

이 집을 팔라고 할 수도 없고

집주인을
설득한다는 말은
그 꿈을 미루거나

다른 방향으로
이끌거나 혹은

포기하라고
설득하는
일일 텐데…

자식 가진 부모가
어떻게 그런 방법에
동의하겠어요?

후우…

재수하신다면서요.

네.

저도 재수했어요.
힘들죠?

몸도 힘들지만
마음이 참…
더 잘 봤었다면 하는
후회도 계속 들고…

음… 저는
의대 준비라 애초에
재수를 생각해서.

아오
재수가 없냐.

안 들어가요?

고생
많으셨습니다.

뭐가요?
재수?

아뇨.
어머니 일이요.

그리고 제가 몸이 아파서
담배 연기 근처에 안 가요.
그래서 기다리는 겁니다.

죄송합니다…

저번에 도움 필요하면 말해 달라고 하셨죠?

담배 끊는 게 어때요?

네? 뭐?

아니 그런 당돌한 요청은...

내 건강이 걱정돼서 그래요?

건강도 건강이고 돈도 돈인데

자기 자신을 아프게 하는 일에 중독되시지 않으면 좋겠어요.

이 집 혼자 살기엔 커요. 할머니께 더 좋은 일일 수도 있어요.

말씀 정말 매정하게 하시네요.

수십 년 산 집에서 떠나는 일이 어떻게 좋을 수가 있어요.

방법이 없을 때는 좋게 생각하는 게 유일한 방법이에요.

싫으면, 뭐 보태실 돈이라도 있어요?

바로 앞에 재건축한 아파트들이 있는데

다들 돈 없으니까 길 건너 이 동네에 사는 거잖아요.

34화

저희 둘 다 열아홉 때
각자의 어머니와 아버지를
떠나보냈습니다.

마지막 남은
가족이었죠.

장례식장 알아보고,
어른들께 연락 돌리고

봉안당을 알아봤더니
몇천만 원이라는데
나에겐 돈이 없고

장례가 끝나니
상속을 어떻게 할지
정하라고…

정말
어려웠습니다.

마음 씨를 보니
그 나이 때 저희 부부가
생각이 나서
안쓰럽습니다.

그걸 다 이겨내고
공부까지 마쳤다니
대단하네요.

얼마나
힘들었을까…

아내는 고등학교만
졸업하고 작은 변호사
사무실에 취직했었습니다.

당장 돈이 없으니
대학을 못 가니까요.

아…!
그러면 거기서
일한 덕분에?

벌떡

네.

판사 출신
변호사님이셨는데

머리 좋고 성실한데
왜 여기서 일하냐고

나가서 법 공부하고
어려운 사람들 도우라며
배우자를 쫓아냈습니다.

열심히 하는 스무 살
직원을 이용하지 않고
내보냈다고요?

대단하네.

아…

부럽네요…

좋은 사장이라는
사람이 세상 어딘가엔
있었구나…

은인을
만났네요.

네. 그렇죠.

저도 할머니 좋아해요.
배울 점 많고, 훌륭한
주부이기도 하시고…

하지만, 그렇다는 이유로 어른들끼리 편을 먹고

젊은 청년을 몰아붙이고 싶지 않은 거예요.

지금 그 사람에게 필요한 건

자기를 억압하는 사람이 아니라

은인이니까요.

야 이 새X야.

고객이 알아챈 게
아니라 네가 일을
못 한 거야.

다른 회사들도 다
중국에서 물건 떼다가
상세페이지만 바꿔서
팔아.

근데 우리만
티가 난다?

야…

나중에 네
사업하고 싶대서
내가 받아줬더니

은인이
될 사람한테
변명이나 해?

네가 잘 처리하고 결과만 보고해!

어휴, 이런 새끼가 장교 출신이라고…

대한민국 군대가 어디까지 흐른 거야.

법인 여러 개 돌리니까 아주 머리가 아프네.

아이템은 넘치는데 인재가 없어. 인재가.

김 부장 새끼는 잘 가다가 탈주하고…

덜컥

텅!

우리 공주님~ 오래 기다렸지?

155

엄마 쇼핑 끝났다니까 엄마 데리러…

안녕하세요. 사장님.

박필봉 선생님 맞으시죠?

누구시죠?

아 저는…

방송국에서 나왔는데요.

실화친구들 안미영 PD 고요.

괜찮으시다면 인터뷰 가능할까요?

괜찮으세요?

뭐가?

사장이요…

방송에 제보하면
누가 했는지 뻔한데

그 인간 눈 돌면
사람 죽일 거 같아요.

아~ 그거~

미안!
잠깐만…

호다닥

콰르릉!!!

어우… 미안
사장 생각만 하면
설사해서…

하지 마시지…

사이다니 뭐니 그런 건
웹툰에나 있는 얘기고

현실은 고소 당해서
개고생 한다고요.

그렇겠지.

에휴, 사장이
언제부터
손찌검했어요?

처음엔 손가락으로
쿡쿡 찔렀던 것 같아.

별거 아니었지.

그다음엔 술자리에서
살짝 뺨을 맞았어.

이렇게…
툭툭.

그렇게 쌓이고 쌓여서
뭔가 이상해졌어.

진수 씨는
이해 안 되지?

저도 그 심정
알아요.

알아? 어떻게?

학생 때 많이 맞았으니까요.

선생들한테.

지금 생각해보면 인간부터 덜 된 것들이

사랑의 매니 참교육이니 사람 패고 다녔는데

그게 당연한 건 줄 알고 살았잖아요.

저는 지금이라도 기회만 주어지면

그 쓰레기들 찾아가서 법이고 뭐고, 맞은 만큼 돌려주고 싶어요.

원래는 사장 집에
찾아갔었어.

가족들 앞에서
소리치려고 했지.

너희 남편, 아빠는
회사 돈으로 유흥업소 가는
쓰레기라고.

그런데 사장 딸내미
얼굴 보고 정신이
들었어.

뺨은 사장한테 맞고
어디다가
화풀이하는 거지?

나는 늘 밖에서 맞고 집에서 화풀이하는 찌질이었어.

늦었지만 이제라도…

이 일을 잘 처리하고 좋은 남편, 좋은 아빠가…

아~ 스톱. 스톱. 여기까지 듣습니다.

왜? 진수 씨도 결혼해 보면 알게…

저 비혼주의.

아하.

그런데 결혼하면 좋은 점도 많고…

더 말하면 퇴사.

죄송합니다.

둘 다
돕고 싶어?

응. 너무
이기적인가?

전~혀 아니고
둘 다
도울 수 있어.

그 과정에서 서로
이야기를 하다 보면
잘 해결될 수도 있지!

만약 해결이 안 돼서
끝까지 싸우게 되면
결과는 어떻게 돼?

할머니가 이 집을
나가게 돼.

주부육성중

35화

자아, 가 볼까?

무릎 많이 아프시군요.

오래 썼더니 고장이 나더라고.

택시 타시죠.

택시 타는 것도 쉽지가 않아.

요즘은 휴대폰으로 부른다고…

길에서 하루 종일 손 흔들어도 못 타.

필요하실 땐 제가 불러 드리겠습니다.

아냐. 늙은이가 자꾸 도와 달라고 하면 되나.

됩니다. 서로 잘하는 일들로 돕고 살면 되죠.

제 살림 실력이
얼마나 늘었는데요.

그렇게 말해주니
참 고맙구먼.

자네는 참
좋은 사람이야.

선배님도 좋은
선배님이십니다.
그러니까…

함께 사시죠.
아까 말씀 드린.

멍칫

계.약.갱.신 청구권
이거 쓰시면 됩니다!

아니, 나는 쓰지 않을 거야.

예?

무릇 좋은 사람이란 약속을 지키는 사람이니까.

산 사람과의 약속이면 지킬 수 없겠다고 말이나 해 보겠다만

죽은 사람과의 약속이라 꼭 지키고 싶어.

우리는 엄마와 딸만큼 나이 차이가 나는 친구였어.

내가 먼저 죽을 대비만 했는데

그 친구가 먼저 가 버릴 줄을 몰랐지.

그 약속이…
유언이었군요.

응. 친구가 중환자실로
가기 전에 내게 두 가지
부탁을 했어.

하나는 딸에게 전할 말.
"네가 하고 싶은 걸
하고 살아라."

또 하나는
나에게…

"언니, 마음이
늦게라도 꿈을 이룰 수
있게 도와 주세요."

"전 너무 부족한
엄마였어요."

전세금 맞춰줄
돈이라도 있으면
좋았겠다만

친구와의 약속을
지키는 방법은

내가 이 집을
나가는 것뿐이네.

괜찮겠어?

뭐가?

알아서 해.
걱정 마.

잘리고 나서
신고한 것들이
어디 한두 명도 아니고…

아니… 기자라며. 뭐 알고 있는 것 같았다며.

몰라. 기자를 처음 봐서 그렇게 느꼈을지도?

혹시 몰라서 시의원님께 연락해 놨어.

아, 쪽팔리게… 박 부장 이 새X…

애 있을 땐 쌍소리 좀 하지 마.

…

그리고 박 부장이 무슨 이유로 방송에 제보를 해?

당신이 엄청 잘해줬잖아.

OO동 사무실.

어디 가게?

왜?

김 부장
집 주소 적힌 서류
있을 거야.

찾아가서
뭐하게!

아니 그냥~

대화하려고
가는 거야. 대화…

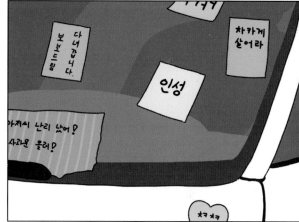

아~ 56XX 차주님이세요?

못 나가게 막은 차량 외부인이 아니라 입주민 차량입니다.

입주민이 입주민 괴롭히는 걸 가만히 놔 뒀다고?

아니, 선생님이 매일 주차를 특이하게 하시잖아요.

차에 전화번호도 없고요.

야. 내 개인 정보야. 그걸 왜 적어 놔?

그리고 선생님. 지금 그게 문제가 아닙니다.

저기 밖에…

고객 등쳐먹은 돈으로
람짜몽 가면 재밌냐?
주차나 똑바로 해라.

헉,
허억…

아빠~
놀고 싶어요~

절로 가.
아빠 힘들어…

힘들어요?
내가 호 해 줄까?

하아…

딸. 아빠가
딸 많이 사랑해.
알지?

응응! 나도!
근데 아빠 나
궁금한게 있쩌.

있지~
그… 그…

주부육성중

36화

왜?

왜 나한테
이런 일이?

여자가 둘 있으니
여성 전용 주차구역에
차 댈 수도 있잖아?

그걸 가지고
테러를 해?

아냐…
근본적인 문제는
박 부장 놈이야.

그래… 가자.
물어봐야지.

왜 그런 짓을
했는지…!!!

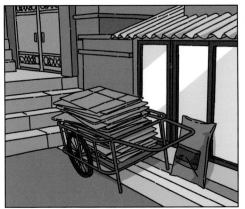

수상하다.
수상해…

영차
영차

어기
여차

이 빌라 사람들…
골목에서 참 수상한
짓 많이 해…

안녕하세요.

헉헉,
안녕하십니까!

같이 운동하실까요?

희번득

저는 걸어서 올라가는 것도 힘들어요…

안 힘드세요? 소방관?

저는 잘 맞습니다. 군인일 때보다 힘든 점도 있긴 한데

일단 사람들이 좋아해 주니 좋습니다.

소방관 하시기 전에 군인이셨군요.

네. 특채로 소방 들어왔습니다.

아 참, 스무 살이면 군대 가실 나이 아닙니까?

네. 올해 신검 봤어요.

그럼 수능 끝나고 저랑 운동하시죠!

군 생활하려면 체력이 중요하니까요!

아, 저는 군대 안 가요.

신의 아들이라서요.

신의 아들? 그게 뭐죠?

군 면제요.

저 같은 사람들을 그렇게 불러요.

나빴네요.

그렇죠? 남들 다 가는
군대를 안 가니까…

아뇨.

아픈 사람에게
그런 말을 하는
사람들이요.

수술을 세 번이나
하고 약을 평생 먹어야
하는데.

제가 신이라면
제 아들을,
아프게 태어나도록
하지 않았을 겁니다.

나쁜 말들에 너무 신경 쓰지 마십시오.

앞으로 좋은 일 하실 거니까요.

그건… 시험을 잘 봤을 때의 얘기죠.

한두 문제만 실수해도…

이겨내십시오.

원래 사람 살리는 일은 아무나 할 수 없습니다.

신은 아무에게나 라이선스를 주지 않아요.

…그렇네요.

아…잔소리 안 하기로 마음먹었는데 또 해 버렸다.

괜찮았어요.

삶의 지혜가 녹아 있는 느낌?

정말입니까?

어린이보호구역
SCHOOL ZONE

주정차금지

견인지역

요즘 사람들은 조언을 싫어한대서.

자주 하면 싫죠. 그런데 가끔…

진짜 필요할 때 한 번씩은 괜찮지 않을까요?

그냥 다
버릴 거예요.

아니, 아무리 그래도
이게 다 너희…

너희 엄마의…

그래. 네가
원하는 대로
하거라.

꼬으응차

짐 정리하시는
겁니까?

네~ 제가 알아서
버릴 테니 신경쓰지
마세요.

분리수거.

스티커 다 떼고 액자는 유리, 합판, 종이 분리하십시오.

그쪽이 뭔데 분리배출을 하라 마라 참견이에요!

주부.

아 미쳤나 봐. 콘셉트예요?

분리수거하는 시간 10분 편하자고

100년이 지나도 썩지 않는 물건들을 그냥 버리다니요.

37화

분리수거해 봤자 별 의미 없대요.

우리나라 플라스틱 재활용률은 10%도 안 되거든요.

이 정도면 그냥 자기 양심 챙기는 의미일 뿐이에요.

우리나라의 연간 사망자는 30만 명이 넘습니다.

저 같은 소방관들이
막을 수 있는 사망은

아무리 열심히 해도
터무니없이 적겠죠.

그럼 구조는 의미가
없는 일인가요?

아니… 그런
비유를 하면 누가
반박을 해요.

…뭐 아셔서
조언하시는 거예요?

네.

보통의 사람들이
평생 겪을 일들을
조금 빨리 겪었거든요.

이상하네…

뭐가요?

엄마 별로 좋아하지 않았는데 마음이 이상해져요.

저도 저희 아버지 별로 안 좋아했습니다.

왜요?

쓰레기봉투(50ℓ)

보편적으로 좋은 아빠가 아니었어요.

돈 벌고, 책임감 있고 그런 면이 없었습니다.

그런데 유품을
정리하다 보니

보편적으로
미운 사람의 개별적인
모습이 보였달까

이 사람이
내 나이였을 때의
사진

이 사람이 나에게
보여주지 않았던 표정

이 사람이…
먹고살았던
모습 말입니다.

한번에 버리면 당장 마음은 편하겠지만

분리수거하면서 한번 고인의 삶을 되짚어 보시죠.

네.

아 참, 이번 주에 저희집에서 함께 식사하실래요?

어렵고 힘들 때…

변호사 친구가 한 명 있으면 좋거든요.

??

지환 엄마.

수능이
코앞이야.

이제 더이상
엄마가 할 게 없어.

영 불안하면
우리 교회 나올래?

그건 괜찮아요,
언니. 네네. 감사해요.
쉬세요.

흐음…

앞으로 뭘 해야 하지?

지환이 엄마로 20년 살았는데…

띵동

혹시 시간 괜찮으시면 저희집에서 식사하실래요?

만들어 오셔도 되고 같이 만들어도 되는데…

바쁘신데 혹시 제가 방해…

아뇨.

갈게요!!!

가져가서
이유식 만들 때
쓰세요.

나이쓰!
감사합니다!

이제 계량
안 하십니까?

계량 좋아했는데
할머니 손맛만 못해서요.
왜 그럴까요?

재료의 맛이
각자 다르거든.

소금이 다 같은 짠맛이
아니고, 식초가 다 같은
신맛이 아닌 거야.

주부는 결국,
내 감각을 믿어야
하더라고.

그럼 저도 제 손을 믿어 볼…

안 돼!!! 동작 그만!

뭐 하시게요!

가을 무가 나왔길래 무생채를…

또 후추 넣으려고!

왜들 이러십니까. 저 이제 요리 잘합니다.

꺄악! 손에 든 거 식초 맞아요? 술 아니야?

아~ 억울하다!

여보~ 내가 할게.

제가 더 잘합니다

어휴~ 아무렴 경력자가 낫겠죠. 뭘 더 잘해요!

공부 많이
하셨을 텐데
어쩜 살림까지
하셨어요.

뭐, 그냥
감으로 하는 거죠.

오~
고수의 언어다.

낭

음…

콱

띵동

네~
나갑니다.

오셨습니까.

들어오십시오.
방금 상 차렸습니다.

네.

잠시 앉아 계시면
식사 준비…

자기가 먹을 거
챙겨 와도 된다고
하셨죠?

부스럭

부스럭

저는 뜨거운 물만
좀 주세요.

38화

후루룹

반찬이라도
좀 드시지…

저는 원래 라면
먹을 땐 따로
반찬을 안 먹어서요.

힝… 그래도
한 입만
먹어보지…

컥

그럼…

무, 무생채 먹을…

아… 그러니까…

무생채는 그…

다 내 거!

우당탕

기왕 반찬들
있는데 밥 드시죠.

집밥이 건강에
좋습니다.

밥은 핑계고
하실 말씀 있어서
오라고 한 거잖아요.

밥도 같이
먹고 얘기도
같이 하려고요.

할머니 거취
이야기라면 저희 둘은
얘기 끝났어요.

그래. 나는
갈 집 구했어.

벌컥

갈 집을
구하셨다는 건…

시세 맞출 전세금 없으시다면서요!

없지.

하지만 세상엔 돈이 없어도 살 집이 몇 군데 있어.

아니, 그런 집들은 위험하고 또…

그렇게 생각하지 말어~

다 사람 사는 집들이잖아.

상속세는 해결하셨어요?

아직이요. 왜요?

연부연납 제도 신청하세요.

그게 뭐예요?

상속세를 10년 동안 나눠 내는 제도예요.

금리도 1%대로 낮고요.

아… 감사합니다.

그래도 는 대출받아야 해요.

왜요? 요즘 금리가 얼마나 높은데!

그 금리 때문에 투자를 못 받아서

제작이 미뤄지는 영화가 있어요.

예술은 시의적절함이 생명이거든요.

저에게 그 영화에 투자해 달라고 해서요.

딱 5천만 원만…

누가요?

친구요.

마음 씨 상황 알면서 친구가 돈을 빌려 달라고 말해요?

이 상황에 돈을 빌려 달라는 게 친구예요?

전화를 받을 수 없어 삐 소리 후…

마누라

안 돼!

남의 집에 밥 먹으러 가서 무슨 심각한 얘기할 게 있다고…

그리고 두 시간은 잘 거라면서 왜 너는

잠들자마자 깨서 우니…

아냐. 할 수 있다.
할 수 있다.

착

착

마누라가 써 준
매뉴얼이 있잖아.

아기가 깼을 때

배가 고픈가?
젖병을 물린다.

앙

퉤

다음.
아래가 축축한가?
기저귀를 열어 본…

…아.

띵동

우체국입니다!

암 쏘리
마이 썬!

감사합니다!

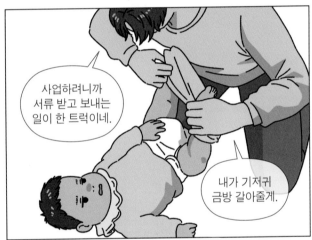

사업하려니까
서류 받고 보내는
일이 한 트럭이네.

내가 기저귀
금방 갈아줄게.

야.
오랜만이다.

얘기 좀 하자.

들어가도 되지?

무슨 말씀을 하고
싶으신지는
잘 알겠는데요.

도와주는 게
아니라 투자예요.

크라우드
펀딩이요.

아~ 크라우드 펀딩!

의!!!

아무튼 도와 주시려는
마음은 감사하지만

저는 남한테
빚지는 게
싫어서요.

정리는 잘하셨습니까?

네.

마음고생 많이 했죠?

그게 보통 일이 아닌데…

바보 같았어요.

네??

저희 엄마는 자주 말했거든요.

내가 처녀 때 정말 꿈이 많았다.

춤도 추고 음악도 했다.

그 시절 사진들을 다 가지고 있더라고요.

엄마들 다 그렇죠. 그게 왜 바보 같아요?

그래요?

저는 우리 엄마 인생에 공감해 본 적이 없어요.

잊고 살든가. 늦었더라도 꿈을 찾아가든가.

평생 남의 밥 지어 주느라 내 삶은 못 살았다는 핑계로

비련의 여주인공인 척하면 뭐가 달라지나…

조언해 주신 의도와는 다른 결과겠지만

제 믿음을 다잡는 기회가 되었어요.

저는 남의 인생 챙기지 말고 오로지 나만을 위해 살려고요.

흠…

이만
가 보겠습니다.

아, 쓰레기
주세요.

텅!

흠…

202

자, 들어가자~

아니, 집 안에
아기 있다니까요.

너도 우리집
아기 있을 때
내가 초대했잖아.

괜찮아,
괜찮…

쉿

쿵

201

아, 씨…
내가
뭘 본 거야…

남의 인생에
안 끼어들려고
했는데…

239

주부육성중

39화

마음 씨를
보고 나니
두려워졌어요.

뭐가요?

제가
우리 엄마를
사랑하듯이

내 아이도
당연히 나를
사랑하게 될 거라
여겼나 봐요.

미움받는
엄마가 될까 봐요.

하긴…
부모 사랑이
자식의 의무는
아니죠.

엄마들도
일을 해야 돼.

그래야 자식에게
존중받는
시대야.

241

꿍차

뭘 해도 잘
하실 것 같은데요.

그럴까요?

아들 기르는 내내
다시 일을 해 볼까
고민 많이 했어요.

그런데 못
하겠더라고요.

아이가
아팠잖아요.

꼭
그 이유 때문은
아니었어요.
사실…

무서웠어요.

막상 일을 시작하면
내가 별 볼 일 없는
사람일까 봐.

고백하자면

다른 엄마들을 보며 나쁜 생각을 자주 했어요.

나는 당신들보다 좋은 대학 나오고 좋은 직장 다녔지만

아이 때문에 어쩔 수 없이 포기했다.

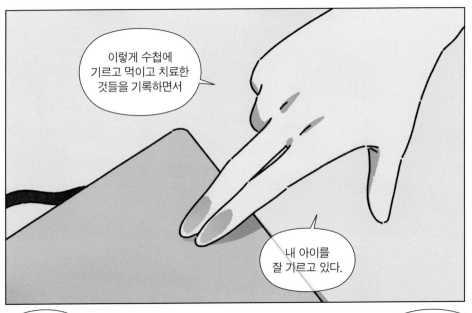

이렇게 수첩에 기르고 먹이고 치료한 것들을 기록하면서

내 아이를 잘 기르고 있다.

치졸하죠?

누구나 내면엔 그런 생각이 있지 않겠습니까.

자기의 나쁜 면을
아는 사람은 드문데

멋진
사람이네요.

그것 외에는
아무것도 할 줄 모르는
바보 엄마인걸요…

아드님이 어찌
저렇게 올바르게
자랐을까 궁금했는데

훌륭한 엄마가
훌륭한 아들을
길렀네요.

아니에요.
정말…
아니에요.

우리 아들이 나를
겨우 엄마로 길렀죠.

아들이
초등학교 4학년 때
첫 수술을 했는데

병실에서
제 손을 잡으며
말하더라고요.

나는 자고 나면
그만인데, 엄마가
걱정이 많아서
어떡하냐고.

멋진
아드님이네요.

저는 우리 아이가
혹시 환생을 했나
생각했어요.

아니면, 철없는
엄마를 구제하러 온

아기 부처가
아닐까…

더 버릴 거
없으시면
분리수거 다녀올…

탕
탕
탕

저기요~

아직 안
가셨네요?

301

좀
도와주세요.

저 말고요.

앞집 남자분,
도움이 필요해
보여서요.

고작
이거냐?

뭐가요?

사장한테 말도 없이 잠적해서 한다는 일이 고작…

똥 기저귀 가는 집안일이냐고.

내 밑에서 배우면 좀 달라질 줄 알았더니

너란 새끼 그릇 참 작다.

나가서 얘기하시죠. 애 듣습니다.

싫은데? 너도 우리집 찾아왔잖아.

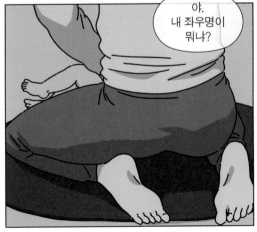

야. 내 좌우명이 뭐냐?

대답해라!

ㄴ, 눈에는 눈. 이에는 이요!

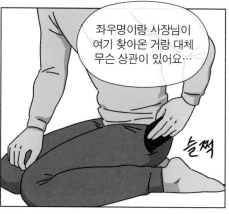

좌우명이랑 사장님이 여기 찾아온 거랑 대체 무슨 상관이 있어요…

늘쩍

연기하는 거냐? 그래. 네가 나 가르치길래 한 대 때렸다. 인정.

그리고 네가 맞아서 화난 것도 인정. 그런데

스윽

우리 가족을 건드리진 말았어야지…

제, 제가 사장님 가족을 언제 건드렸어요?

5:25

긴급 구조 요청

경찰서
112

화재, 긴급, 구급차
119

해안 경비대

이 새끼!

우당탕

강한 수컷이
되려면 말이야.

신고나 해대지
말고 문제는
너 스스로 해결해.

사장님.

…이게 얼마
만이에요. 오실 거면
연락 주시지.

오랜만이다. 슬기.
결혼생활 할 만해?

끙…

사장님, 사장님이
뭐든 잘 아시잖아요.

우리 애가 밖에서
다른 집 애한테 맞고
왔어요.

어떡해야
할까요?

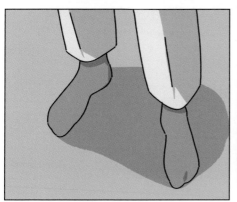

애들끼리
그럴 수도 있지.

뭘 그런 걸
가지고 난리냐.

…라고
상대 부모는
말할 거야.
그러니까

애 찾아가서
반 죽여 놔.

제 애비 애미한테
말 못 할 때까지.

…그건 범죄예요.

슬기야.

가장은 말이야. X밥처럼 굴면 안 돼.

그럼 가족들에게 존경 못 받는다.

사장님은 존경받으세요?

너 말하는 게 좀… 뉘앙스가 있다?

뭐 할말 있구나?

있죠.

그렇게 존경받는 가장이 왜 집에서 위로를 못 받고

유흥업소에서 위로를 받으세요.

아… 내가 찾아 오길 잘했네.

너구나?

우리 가족 파탄 내려는 인간이?

40화

너구나?
우리 집안 파탄
내려는 인간이?

문 열려 있어요.
사장님.

어쩌라고.

밖에
사람들도
있어요.

잘됐네. 네가 사랑하는
우리 가족들 망신 주고
가정을 파탄 냈으니

너도
당해 봐야지.

대체 무슨 망신을
줬다는 거예요.
일단

어?? 울려나 봐. 애 좀 받아 주세요.

이쪽, 이쪽.

아, 감사합니다. 여기…

애 말고요. 귀 주세요. 귀.

…빠운스.

둥기둥기하면 애 안 울어요. 어서, 고고!

…

성공한 사람들은
다 뒤가 구리고

내가 뭐 하나
알려 줄까?

이런 동네 사는
너희들은 깨끗하다고
생각하지?

네 남편…

너 출산하던 날
룸싸롱 갔어…

알아요.

알아?
어떻게?!

어휴, 멍청한 놈.
그걸 들켜…

하지만
이건 몰랐을걸?

네 남편…

군대에서 폐급에
관심 병사였어.

그것도 알아요.

어떻게 알아?

저 사람이
말했으니까 알죠.

이 새X…
집에서도
폐급이었네.

가장이 가오가
있어야지!!!

그게 범죄자가
할 말인가?

특수 폭행으로 사람 때려 놓고…

너도 곧 범죄자 될 거니까 걱정 마.

명예훼손으로.

제가 무슨 사장님 명예를 훼손했어요?

하, 발뺌하는 꼬락서니 봐라.

방송에 제보하고, 인터넷에 내 차 사진 올려서 욕먹게 만들고

아파트에 광고판 트럭 보내서 유흥업소 간 사실 폭로하고!

우리가요? 우리는 그런 짓 안 했는데?

대체 뭘 했길래?

어, 검색하니까 나온다. 여보.

에그머니나… 이게 뭐야.

아직도 사업한다는 핑계로 이런 델 다니는 인간들이 있네.

사장님. 이건 제가 찍은 사진 아닙니다.

뭐?!

저 데리고 가셨던 업소에선 옷 입고 계셨잖아요.

이 사진에선 옷을 벗고 계시네요. 찌찌도 보이고.

어… 그럼… 여기 누구랑 갔었지…?

265

듣지 마. 아기야.

더러운 것들은 더 나이 먹어서 배워도 돼.

어이, 아저씨.
구경 다 했으면
비켜.

너의 밤을 믿어
너의 낮은 시간을 믿어
너의 미래를 믿어

야.

어 벌써 끝날 시간이구나.

너는 공부 안 할 거면서 학원은 왜 매일 나와?

나도 해… 효율적으로.

그리고 나는 의대에 흥미 없어.

엄빠가 원하니까 그냥 1년 더 실패해서 증명하는 거지.

시간이 너무 아깝잖아…

괜찮아. 대신 사람을 얻었잖아.

여기서
치카치카 하다가
너도 만나고.

지환이한테
인사하고 올게.

너는 그 친구
진짜 좋아하더라.

나중에 의사 친구
두고 싶어서 그래?

무슨, 나 그런
사람 아니야~

멋있잖아.

〈열심〉이라는
단어가 사람으로
태어난 느낌?

다녀옴!

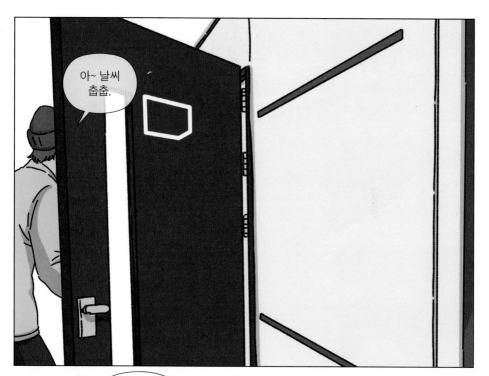

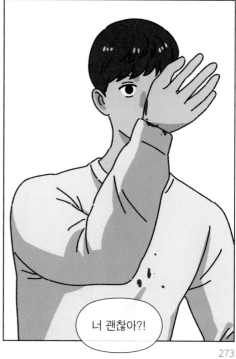

주부육성중

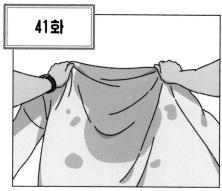

41화

이 정도면
안 보이겠지?

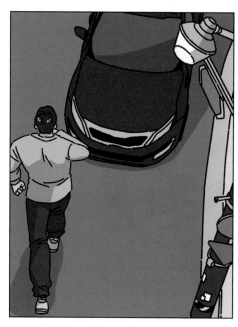

이거 담배 아닙니다?
초파춉스입니다?

네…

핏자국!

헉.

티 나요?

뭘 고민해요. 몰래 세탁기에 넣어요.

저희 엄마에게 몰래라는 건 없어요.

아…

우리 엄마도 그랬는데.

그냥 말해요. 저도 시험 직전엔 코피 달고 살았어요.

엄마가 걱정할까 봐요. 제가 어릴 적부터 몸이 약해서.

일단 더 말려 봐야겠다.

재수하실 때 코피 많이 나셨어요?

아! 아뇨, 그게…

공무원 시험이요.

3년 했는데 잘 안 됐어요.

아쉬우시겠어요.

음… 그렇긴 한데 또 하면 합격한다는 보장도 없고, 또…

사실 저는 어릴 적부터 제 꿈이 공무원인 줄 알았거든요?

그런데 친구랑 대화하다 보니까

너는 공무원이 어울린다는 엄마 말을

너무 믿었던 것 같아요.

진짜 내 꿈과 부모가 심어 준 꿈은 다르잖아요.

그럴 수 있죠.

세무사 만나 봤어?

내가 알아서 해.

아니, 세무조사는 세무서 출신을 선임해야…

당신이 뭘 알아! 사업 해 봤어?

아니~ 지유네 아빠가 큰 사업하잖아. 그래서 내가 물어봤는데…

그 사람한테 왜 물어봐?

장인 잘 만나서 회사 물려받은 사람이랑

바닥부터 일군 나랑 같아?

…여보. 세무조사 앞에 그런 게 어딨어.

세금 나오면 집 담보로 대출받으면 돼.

어차피 사업도 다 갈아치울 예정이었어.

요양원 차려야지. 내 돈도 안 드는데 수익은 훨씬 좋더라.

허가만 나오면 바로 시작할 거야.

여보. 이제 일해서 돈 버는 건 어떨까, 우리?

아기한테도 그게 더 좋을 것 같고…

그런데 그건 의원님이 허가받는 거 도와주셨을 때 얘기잖아.

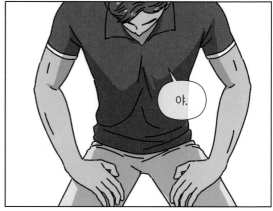

야.

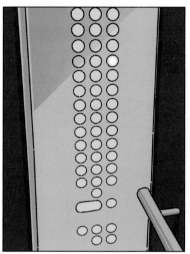

덜그럭

박 상무.
채린이 출근했어?

그럼 출근 시켜.
지금 갈 거니까.

103

IN

그래.
나 혼자!

요즘 제 마음이
이상해요.

우리 애 정말
사랑스러운데

이러면
안 되는 걸
아는데도 가끔

애가
없었더라면
하는 생각도
들어요.

저는
나쁜 엄마인가
봐요…

자책하지 마요.

저는 우리 애를
안고 뛰어내리고
싶다는 충동을
느낀 적도 있어요.

헉…

285

정신 차려 보니 난간을 붙들고 서 있더라고요.

얼마나 오래 그러고 있었는지

손에 온통 쇠냄새가 묻어서, 비누질을 해도 지워지지 않았어요.

어쩌면… 크고 작음의 차이만 있을 뿐

모든 엄마가 느껴 봤을 감정일지도 몰라요. 그러니까,

너무 자책하지 마세요.

아이고, 애 없는 집 두고 이런 말 하면 안 되는데!

하하, 괜찮아요.

그래도
힘든 시간보다 좋은
시간이 많았죠.

이 행복한 걸
한 명밖에
못 기른 게 너무
아쉽달까.

집안일 함께해 주는
배우자만 있다면
나는 셋도 낳을 텐데!

으아!
출산 진짜 아픈데
다 잊으셨나 봐!

어? 그러면
남편분이 최고?

집안일도 잘하고
직업도 좋은!

맞아요.
집안일도
잘하고 또…

좋은
직업이죠…

287

형님. 휴직 중에
전화 죄송합니다.

아냐.
별일 없지?

네.
다름이 아니라

순직 조의금
보내야 해서요.

형님 휴직 중이셔서
월급에서 못 빼니까
따로 연락드렸습니다.

어, 고맙다.
당연히 내야지.
어디?

강원소방이요.

주부육성중

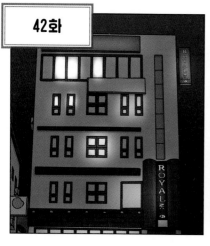

42화

맛탱이가
완전 갔네.

매너?

이 사람 왜 갈수록
진상이죠? 처음엔
매너 좋았는데?

내가 이 장사하지만
이런 데 오는 새X가
애초에 인간이냐?

매너 좋은 척 해봐야
바닥 금방 나오지.

그리고 우리는 나쁜 놈들 주머니를 털어먹는 홍길동이고.

헛소리 싸고 앉았네.

어쩌죠? 그냥 재워요?

얘 같이 오던 직원 번호 알아?

아 그 두더지 닮은 사람이요? 당연히 알죠.

연락해서 데려가라 그래.

292

법적인 해결은
해 줄 수 있지만

마음의 해결은
내가 해 줄 수 없으니

늘 반쪽만
일하고 있다는
생각이 들어.

방법이 없을까?
심리 상담이라도
배워 볼까?

나 좋은
방법을 알아.

정말?

내가 군대에 있을 때
정말 악마 같은 선배가
있었거든.

293

다 멋있는 사람밖에 없었다며.

그건 당신이 걱정할까 봐 한 거짓말이었어.

온갖 기행에 성추행에…

진짜 더러운 놈이었거든.

그런데 내 동기 형준이가,

아! 그 경찰특공대!

응. 걔가 레슬링 선출이거든.

참고 또 참다가…

하루는 그만 못 참아 버렸어.

헉, 설마… 들이받았어?

그 정도 수준이 아니었어. 그 악마가 눈물 콧물 다 흘렸으니까.

사람으로 종이접기를 하더라고. 그 녀석.

그러면
안 되잖아!

안 되지.
그런데…

우리 마음의
응어리는 해결됐어.

그 사람도
더이상 우릴
괴롭히지 못했고.

절대 사람을
때리면 안 돼.

그런데…

가끔은 당한 만큼
대갚음해 줘야…

똑똑똑

응?
누구지?

어?
턱걸이 브로!

머쓸 보이.
부탁이 있어서
왔는데.

하루만 알바해
줄 수 있어?

무슨 일인데?

술 취한 사람
한 명 차에 태워서
옮기는 일.

오! 재밌겠다!
나 사람 잘 싣는데!

여보!

당신 공무원이야!
괜히 나쁜 일에
휘말리면…

아차.

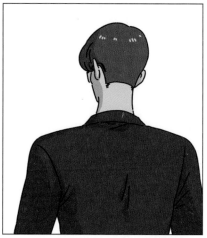

돈 없는 신혼부부들이
반지하 사는 것
다 옛말이에요.

지금은
다~ 노인들이
산다니까.

이 돈으로
경기도 나가면
더 좋은 방은
구하겠지만

병원 가까운
서울 반지하가
더 안전해요.

이런 가격 매물
못 구해요, 요즘.

집주인 오면
뭐라 하든 네네 하고
일단 계약금 보내요.

집주인은…
어떤 분이에요?

원래 집주인은
어르신인데

치매로
요양원 가 있고,
지금은 아들이
관리하고 있어요.

아, 오셨네.

후

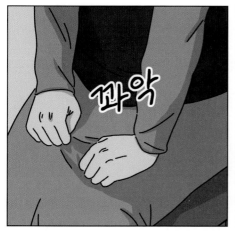

할머니. 쓰레기는
안 모으죠?

저번 노인네 내보내고
청소업체 불렀는데
50만 원 냈다니까.

저는 청소
잘해요.

마음에 들죠?
계약서 쓸까요?

아, 맞다!

혼자 사는 거
맞죠?

예.

내 말은

동물
기르냐고요.

아, 머리야…

정신이
좀 드세요?

아… 너 뭐냐.
네가 왜 여기…

이 씨X놈이
날 협박하려고…

말조심하세요.
녹화 중입니다.

자, 오늘
찍은 사진들.

그리고 사장님
룸싸롱 방문 내역.

…야.

더 들으세요.

시의원한테
비타550 박스 보낼 때

제가 조수석에
박스 놓고 안전벨트까지
채우고 갔거든요.

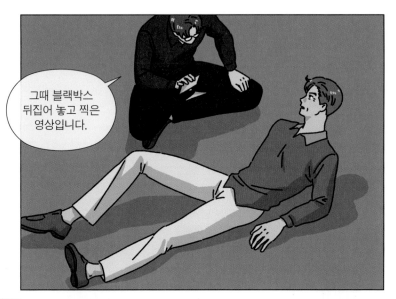

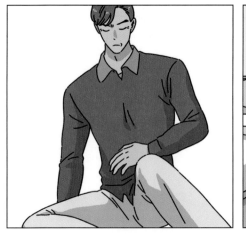

남 탓을 하시네요.
사장님답지 않게.

아, 오키!

야. 차라리 때려라.
그래야 분이
풀리겠다면!

아, 그게
좋겠네요.

그치? 아니, 뭐?
진짜 때리겠다고?

야.
너 진짜…

정하세요.

뭘?

몇 대
맞을지요.

다음 권에서 계속…

이사는 업체에서
다 해주는 것이니
자기는 할 일이 없다며

임신 초기의
저만 놔두고
출근했답니다.

으응…

아이고…
이사가 보통 일이
아닌데.

물건 잃어버리거나
파손된 건 없나 하나하나
신경도 써야 하고…

남편 놈을
잃어버리거나 파손하면
참 좋겠는데

아무튼,
잘 해야 하는데
뭐부터 해야 하지?

짐을 같이
옮겨 드려야 하나?

으응, 아니야.
이사를 잘 하려면

일하시는 분들께
잘 부탁한다고
마실 것 먹을 것
챙겨 드려야지.

아차!

오라이~

어서 와요~

꾸벅

이삿짐은 내가 알아서
정리할 테니까
너는 공부하고 와.

네, 엄마.

오느라 고생 많았어요, 내가…

네, 그런데 잠시만요, 할머니.

사장님~

짐 들어가기 전에 한 번 닦아서 들어간다고 말씀드렸잖아요.

아, 맞다. 네네. 제가 알아서 잘…

아뇨.

제가 같이 하는 게 좋을 것 같아요.

네?!

그럼 저희는
뭐 하나요?

저희 일이 이삿짐
나르는 건데…

음,
맞습니다만…

도와주겠다고 온
친구들을 돌려보낼
수도 없어서…

단결!

야, 빠져가지고
지각이냐? 너희가
냉장고 들어라.

… 냉장고 말씀이십니까?

아싸! 냉장고~

하체 운동되겠다.

심심하네…

어? 저거 저렇게 들면 안 되는…

우갸!

힘으로 되네, 저게…

특별편 마침